VIE
ET MIRACLES
DU GLORIEUX MARTYR
SAINT - GENGOND.

A BEAUVAIS,
Chez Diot, Marchand papetier,
rue du Châtel, N.° 2016.

AN XII. — 1804.

VIE
ET MIRACLES
DU GLORIEUX MARTYR
SAINT-GENGOND.

───────

Saint Gengond était Gentilhomme Français, natif de Bourgogne, de très-illustres parens, lesquels eurent soin de l'élever en la connaissance et observance de la Religion Chrétienne, aussi bien qu'à l'étude des bonnes mœurs; en quoi il était si docile, qu'il fit en peu de tems de très-grands progrès, tant en la vertu qu'en la piété. Car quoiqu'il fût doué d'un rare esprit et d'une excellence de beauté, il n'en devint pas toutefois plus vicieux ou léger; mais dès sa tendre jeunesse il voulait se trouver volontiers à l'assemblée des Chrétiens, en l'Eglise ou ailleurs, recevant de leur bouche les rayons emmiellés des paroles divines, et retenant fort bien en sa mémoire les sentences catholiques: de sorte que l'on voyait reluire en ce petit corps l'image et l'exemple de sainteté. Croissant en âge, il augmenta pareillement en perfection, à quoi son bon naturel lui servit beaucoup. Quant à la pudeur, que les Philosophes nomme modestie et comportement honnête, servant à ce que les sens ne se délectent en aucun objet vilain, il l'avait en singulière recommandation, car il était fort honteux de lui-même, les yeux chastes et modestes, affable en parole, sage et prudent en ses actions, bref, accompagné d'une singulière honnêteté de mœurs. Il fuyait les jeux e spectacles [vrai entretien des hommes oiseux] comme des gouffres et précipices. Il rejettait toute la société et fréquentation des jeunes libertins et lubriques, et fermait les oreilles à tous discours sales ou badins, qui d'ordinaire nuisent fort à la pureté de l'esprit, mais se rendait auditeur de la perfection évangélique. Il joignait en lui la simplicité de la colombe avec la prudence du serpent.

Ses parens venant à mourir, lui laissèrent de très-grands biens; et lui se voyant maître d'un si riche patrimoine, commença dès-lors à penser de quelle façon il ferait les aumônes de toutes ses possesions et richesses. Il n'est pas possible de dire combien ce jeune Seigneur était libéral et doux envers les pauvres. Il servait d'œil à l'aveugle; il était le pied du boiteux; la porte de son logis était toujours ouverte au pauvre pélerin. Parvenu à l'âge viril, il épousa une Femme de non moindre qualité que lui, mais fort différente de mœurs, ce que notre Seigneur peut-être permit afin que par elle sa patience et la simplicité de sa vie innocente fussent éprouvées. Sa manière de vivre était de s'appliquer tellement à cacher les mérites de ses rares vertus que les mondains qui le haïssaient, le taxaient de lâcheté, paresse et fainéantise. Il s'adonnait souvent à la chasse pour éviter l'oisiveté et ne pas donner l'entrée au vice de son ame.

En ce tems Pepin gouvernait le royaume de France, et comme il avait plusieurs affaires sur les bras, S. Gengoud prit les armes et marcha en guerre pour la défense de son Prince, où il excella si avantageusement, qu'il était réputé et mis au rang des plus belliqueux de son armée; car il était subtil d'esprit, fort de corps, vaillant dans les armes et très-expert en tout art militaire de quoi fait fois son armure, laquelle jusqu'aujourd'hui se garde en l'église dédiée en son nom, qui est aussi honorée de ses très-saintes Reliques et où sont son casque, sa cuirasse, son coutelas, son braquemart, etc.

Or comme en un certain temps, ayant fini son service à la suite du Roi il voulait retourner au pays, il prit chemin par la Champagne, où devant déjeûner et donner à manger à ses chevaux, il se retira quelque peu du chemin et s'arrêta en un lieu arrosé d'une claire fontaine et d'un aspect agréable pour sa verdure; où après s'être assis avec les siens, survint le maître à qui appartenait la terre, lequel le Saint, comme étant très-humain, invita à manger avec lui, et pendant la réfection lui demanda à acheter ladite fontaine : ce qu'ayant entendu, il sourit en lui-même du Saint : estimant cela procéder, non d'une naïveté et candeur d'esprit, mais de quelque légèreté et vain babil. Toutefois se persuadant aisément qu'il pourrait acquérir l'argent et retenir néanmoins la fontaine, d'autant qu'il ne pourrait faire que la source ne fût toujours dans son champ sans la pouvoir transporter ailleurs, il convint de prix avec le Saint, à savoir de cent pièces d'argent que le Saint lui donna comptant ; puis prenant congé l'un de l'autre le Saint remonta à cheval, continua son chemin, et arriva enfin à Varennes où il faisait alors sa demeure. Etant entré au logis, il raconte à sa Femme ce qu'il avait fait ; mais elle interprétant malicieusement toutes ses actions en mal, commença aussi-tôt à murmurer de lui en particulier et à l'appeler hébété, sans esprit et prodigue de ses biens. Peu après le Saint sortit pour visiter quelques lieux proches de sa maison, ce qu'ayant fait, il planta en terre le bâton qu'il tenait en main, puis remonta au logis. Le jour suivant s'étant levé du matin et n'ayant point trouvé d'eau pour laver ses mains et son visage, alors tout rempli de foi, il commanda à son serviteur d'aller promptement au lieu où était demeuré son bâton, d'où le retirant il lui apporterait de l'eau qui lui faudrait.

Le serviteur fit ce qu'il lui avait commandé, et ayant tiré ledit bâton hors de terre, il en sortit soudain une grande quantité d'eau qui provenait de la source de cette fontaine qu'il avait achetée à cet avare vendeur, qui fut ainsi privé entièrement de sa fontaine, qui se tarit aussi-tôt et ne fut jamais apperçue en ce lieu. Dieu par sa toute-puissance l'ayant en faveur de son serviteur transporté proche du lieu où il demeurait à Varennes, laquelle y a continuellement donné des eaux en abondance qui sont très-salutaires et rendent la santé à beaucoup de malades par les mérites du bienheureux St.-Gengond.

Notre Seigneur désirant épurer son fidèle serviteur au creuset des afflictions, permis que d'autant qu'il croissait en sainteté et bonnes œuvres, sa Femme augmentat en malice et méchanteté: jusques là que perdant toute honte, violant l'honnêteté due à son sexe, elle se laissa abuser par un certain Chevalier qui jouissait de sa personne. Cela se pratiquait du commencement sans qu'on s'en apperçût; mais enfin ce bruit vint aux oreilles de Saint Gengond, qui fut étonné d'un cas si étrange, et ne savait à quoi se résoudre. Il lui vint en fantaisie de faire subir à sa Femme le châtiment que méritait une telle faute, afin qu'elle ne trempât pas davantage en un péché si infâme au grand déshonneur de sa race : mais il craignait d'ailleurs que s'il était cause de sa mort, il ne fût taxé de trop de rigueur, et n'obscurcît sa naïveté et l'innocence de sa vie passée par la tache du péché d'autrui. Enfin se rangeant à la volonté divine, il n'en voulut prendre aucune vengeance, mais remit le tout au jugement de Dieu, lequel apparut peu après sur cette misérable créature ; car comme ils se promenaient un jour aux champs tous deux ensemble, étant arrivés proche d'une certaine fontaine, Saint Gengoud commença à lui dire : « Il y a déjà quelque temps, ma mie, que plusieurs choses sales et déshonnêtes, mêmes indignes de votre qualité, se divulguent parmi le peuple, quoiqu'elles ne me soient pas encore certaines, ainsi c'est à vous toutefois d'y prendre garde et d'en ôter l'occasion ». Elle, au lieu d'avouer sa faute, déniant tout, jurant hardiment que tout cela était faux, à quoi répartit Saint Gengond : « La Providence divine, à qui rien n'est caché, va déclarer incontinent par indices certains comme la chose va. Voici devant nous une fontaine qui n'est ni trop froide ni trop chaude, mettez le bras dedans et m'apportez une pierre du fonds d'icelle; si vous êtes sans fautes, vous n'y endurerez aucun mal : mais si vous êtes coupable d'adultère, Dieu ne laissera pas votre crime caché ». Elle attribuant les discours de son bienheureux mari [ainsi que tous les autres semblables] à la folie et sottise, mis soudain le bras en l'eau; mais comme elle pensa en retirer une pierre, tout-à-coup le bras, les nerfs, cartilages et veines lui roidirent jusqu'où l'eau avait touché ; et à mesure qu'elle le retire, la peau s'en arrache et tombe jusqu'au bout des doigts, la chair demeurant comme si elle l'avait plongé dans de l'eau bouillante ; de sorte que la misérable n'attendait rien autre chose qu'un subit et dernier péril de sa vie.

Alors le Saint lui dit : « J'avais résolu, si
» vous eussiez gardé la foi matrimoniale, vous
» fussiez soumise à la foi divine, en suppor-
» tant volontairement toutes les peines de
» cette vie, que vous eussiez reçu également
» et d'un esprit tranquille les adversités
» comme les prospérités telles qu'elles vous
» fussent arrivées, et que nous eussions vécu en-
» semble paisiblement pour sortir joyeusement
» de cette vie. Mais puisque vous vous êtes
» adonnée à ce vice, quoique vous méritiez
» la mort, je ne voudrais pourtant pas vous
» la faire souffrir de mes mains, mais plutôt
» je vous laisse au jugement divin. Il est vrai
» que si vous faites des actions dignes de pé-
» nitence, vous obtiendrez pardon de Dieu ;
» mais si vous ne mettez fin à une si grande
» méchanceté, vous brûlerez avec le diable,
» autour d'icelle, dans les flammes éternelles
» de l'enfer : vous ne séjournerez plus en ma
» compagnie, voilà que je vous assigne une
» partie de mes terres pour votre entretien,
« vivez selon que Dieu vous inspirera ».

Cela dit, le Saint appella tous ses gens et officiers ; puis ayant donné par ordre ce qu'il laissait à sa Femme pour dot, il monta à cheval, et avec son train se retira de ce lieu et s'en alla loin de là aux Seigneuries qui lui appartenaient en Bourgogne proche d'Avallon, où il fit désormais sa demeure, vâquant continuellement aux œuvres de piété et de miséricorde, ne laissant écouler aucun temps qu'il ne l'employât à ses exercices ordinaires des vertus qu'il pratiquait avec beaucoup de perfection. Car s'étant proposé d'imiter les Saints anciens de la primitive Église, il devint enfin un excellent disciple de leurs plus héroïques actions, et commença à Guise comme un astre très-lumineux, à reluire au monde par ses rares et admirables vertus. Il crucifiait la chair avec les vices et concupiscences : il combattait courageusement les tentations de satan, sans jamais se fourvoyer du droit sentier de justice. Toute sa conversation n'a été qu'un exemple de bien vivre aux autres; sa vie a toujours été sainte, innocente, entière à la foi, forte en l'espérance, abondante en charité, et embellie de beaucoup de mérites, pour les signalées vertus qui brillaient en lui.

Ce Saint étant parti, sa Femme se transporta aussi-tôt au lieu qu'il lui avait laissé pour sa dot, et elle se voyant en liberté, reprit incontinent ses premières débauches avec son rival. Toutefois ils commencèrent à craindre que si le Saint en venait de rechef à connaissance, il ne pût peut-être bien relâcher son accoutumée douceur et débonnaireté, et les faire passer tous deux par les armes. C'est pourquoi se voyant en cette continuelle appréhension, ils complotèrent ensemble de tuer ou faire mourir le Saint pour se délivrer de telle inquiétude. Le Chevalier donc qui abusait de sa Femme, étant possédé du démon, se chargea d'une action si lâche. Il savait fort bien le lieu et l'endroit où le Saint demeurait, et n'ignorait pas les détours et recoins de son château. Dans ce dessein, il monte à cheval, s'achemine vers le Saint, cherchant l'occasion de le trouver seul à l'écart sans compagnie. Il y apporta telle diligence, qu'il trouva enfin le tems favorable de faire son coup, car il entra secrètement en sa chambre, et prit l'épée qui pendait au chevet du lit pour le tuer pendant qu'il dormait : lorsqu'il tire l'épée du fourreau, le Saint se réveille, et gauchissant le coup de ce scélérat, il fut frappé à la cuisse ou hanche. Le meurtrier se voyant découvert, quitte l'épée, sort de la chambre promptement, monte sur son cheval et s'enfuit de peur d'être pris. Saint Gengond restant grièvement blessé, survécut encore quelques jours, et sentant la fin de sa vie approcher, demandant très-instamment le saint Viatique, se munissant des autres Sacremens pour ce dernier passage, après quoi expira heureusement, et s'envola dans le Ciel, qu'il avait si longuement désiré, un vendredi 9 Mai, l'an de notre Seigneur 760.

Saint Gengond avait deux tantes paternelles, femmes de bel esprit, très-religieuses et pieuses, douées particulièrement d'une insigne chasteté et vertu : l'une s'appellait *Wildetrude* et l'autre *VViogose*. Ces deux illustres Dames demeuraient alors à Varennes, petite ville du Barois, où le Saint de son vivant avait fait bâtir une Eglise en l'honneur du Prince des Apôtres Saint Pierre, l'avait dotée et enrichie de grandes rentes et revenus pour l'entretien du Clergé d'icelle ; il s'était même montré beaucoup libéral, benin et favorable à ce lieu. Cela étant ainsi, les deux susdites Dames sachant le décès de leur saint Neveu, s'acheminent incontinent vers son logis, où étant arrivées elles se chargèrent du soin des funérailles. Elles désirèrent que le saint Corps fut inhumé audit lieu de Varennes; pour cet effet elles y convoquèrent bon nombre de personnes tant du Clergé que séculiers, lesquels étant tous assemblés, le saint Corps fut conduit et porté fort solennellement, avec trois cierges et en chantant des cantiques divins, jusqu'au lieu de Saint Pierre de Varennes, non sans la gloire de plusieurs miracles, où il fut enterré.

La sainte Église catholique l'a nommé Martyr pour avoir été occis pour la défense de la justice et de la chasteté, ainsi qu'un autre Saint-Jean-Baptiste. Le Martyrologe Romain en fait mention l'onzième de Mai, et le Docteur Jean Molannée, Addition à Usuard, lequel ajoute que plusieurs solennisent sa fête diversement, ceux de Mastricht le neuvième de Mai, d'autres le treize, et quelques-uns le douzième, auquel jour son Corps saint fut peut-être élevé de terre pour reposer publiquement sur l'Autel.

Or notre Seigneur voulant déclarer la sainteté de son serviteur, l'honora de plusieurs Miracles: les malades accourant à son cercueil pour le toucher lorsqu'on le portait en terre, furent soudainement guéris; ce que Dieu a encore continué jusqu'à présent par son intercession, par les reliques de son corps, par l'attouchement de ses armes, par l'eau de sa fontaine, et par tout ce qui lui a autrefois servi. Mais que dirai-je de la vengeance divine que le ciel décocha sur ceux qui avaient causé la mort au Saint? Le scélérat meurtrier rapportant en diligence le succès de ce qu'il avait attenté contre le Saint, sa Femme s'en réjouit avec lui, comme de quelque plaisante et agréable nouvelle; mais voulant peu après aller à la garde-robe, le misérable parricide jetta tous les boyaux hors du ventre, et expira malheureusement sur le champ. Quant à la Femme, elle fut aussi divinement punie. Car un jour comme une certaine fille du logis lui racontait que Saint Gengond faisait des miracles : *Oui*; lui répartit-elle en se mocquant, *il fait des miracles comme mon derrière*; et là-dessus Dieu voulant apprendre qu'il ne faut pas se mocquer de ses Saints, la punit d'un châtiment honteux, conforme à ce qu'elle avait dit, permettant que celle qui s'était mocquée de Saint Gengond, fut elle-même mocquée toute sa vie de tout le monde.

La vie de ce très-saint Martyr a été décrite par un grave Auteur anonyme, qui l'avait recueillie d'anciens Manuscrits. Surius la rapporte au troisième Tome des vies des Saints; elle a pareillement été rédigée en vers latins par Rosuide, Religieuse très-illustre, imprimée à Nuremberg : le Missel et le Bréviaire de la Cathédrale d'Ausbourg en parlent amplement, comme aussi Simbert, Vincent de Beauvais, Henry Esort, et plusieurs autres graves et anciens Ecrivains.

Fin de la vie de Saint Gengond, Martyr.

Avec permission.

A BEAUVAIS, de l'Imprimerie de la veuve TUBEUF, au ci-devant Evêché.

www.ingramcontent.com/pod-product-compliance
Lightning Source LLC
Chambersburg PA
CBHW071438060426
42450CB00009BA/2238